AVANT-PROPOS.

L'origine de la gravure en médailles, celle en pierre fine et celle en bois se perd dans les antiquités de l'Egypte et des Indes. Les deux premiers genres ont peu varié ; la gravure en bois, seule, reçut vers le commencement du 15e siècle une destination inconnue aux Anciens, par l'usage des cartes à jouer et des images de saints (1). Ce sont les anciens imprimeurs, Jean Faust, à Mayence, en 1457 (2) ; Ulric Han., à Rome, en 1467, et autres, à Nuremberg, Strasbourg et Ausbourg, de 1471 à 1488, qui ont le plus contribué à l'avancement de la gravure, en ornant leurs livres d'images.

La gravure en bois ne commença à se perfectionner qu'après la découverte de la gravure en taille-douce ; d'habiles graveurs en bois, appelés en Allemagne *formschneider* (tailleurs de formes), exécutèrent, sur les dessins et la conduite d'Albert-Durer, Hans-Burgmair, Lucas Cranack et autres peintres, ces belles planches en bois recherchées aujourd'hui. Nous dirons aussi un mot de la manière de graver en clair-obscur, laquelle tient aussi de la gravure en bois, et qui a été exercée en Allemagne, dit Heinecken, avant Hugo da Carpi de Modène ; c'est à ce dernier que l'on doit la perfection de ce genre, que continuèrent Antoine de Trente, Vicentini de Trente, André An-

____

(1) Un saint Christophe gravé en bois, avec la date de 1423, se voit à Paris au Cabinet des Estampes.

(2) Lequel imprima à Mayence, en 1457, un psautier, avec des capitales gravées en bois et ornées de feuillages, de fleurs et d'oiseaux (*voy. Heinecken, Idée d'une Collection d'estampes, page 265*).

dréani, etc. (*Voir pour l'histoire de cet art et ces productions le 12ᵉ volume du Peintre Graveur, par Adam Bartsch.*)

Le milieu du 15ᵉ siècle offre les premiers essais de la gravure en taille-douce, ou plutôt celui d'en tirer des épreuves. Les Allemands et les Italiens se disputèrent long-temps de lui avoir donné naissance. Vasari en attribue la découverte à Maso Finiguerra, orfévre florentin, né en 1424, ou selon d'autres en 1430 ; lequel Maso dut au hasard, vers 1460, la manière d'imprimer les estampes. Baccio-Baldini et Pollajuolo, orfévres, ses contemporains, profitèrent de sa découverte et gravèrent vers ce même temps ; et après eux, André Mantegna, lequel perfectionna la gravure au burin à la fin du 15ᵉ siècle. Vers ce même temps, la gravure faisait de grands progrès en Allemagne, sous le burin de Martin Schongauer, le maître de 1466, Israël-Van-Mecken ; et au commencement du 16ᵉ siècle, le talent du célèbre Albert Durer donna à la gravure un essor inconnu jusqu'alors. Il eût pour émule et contemporain Lucas de Leyde ; ses élèves furent Altdorfer, les Beham, George Pencz, Aldegrever, et autres petits maîtres (1), lesquels concoururent à la perfection de cet art.

Si la gravure parut se perfectionner en Allemagne sous la direction d'un si fameux maître qu'Albert Durer, le bon goût du dessin lui donna un nouvel être en Italie : cette supériorité se manifesta par les ouvrages de Marc-Antoine Raimondi de Bologne, lequel grava sons la direction de Raphaël, et forma cette école célèbre dont les artistes se répandirent dans les divers états de l'Europe.

Inspirés par les progrès de la gravure et la nouveauté de la découverte, les plus grands peintres d'Italie cherchèrent des délassemens à leurs grands travaux dans la gravure à l'eau-forte. Le Parmesan fut le premier qui grava en Italie de cette manière ; bientôt, le Tintoret, les Carraches, le Guide, Salvator-Rosa, leurs élèves et presque tous les

______

(1) Ainsi nommés à cause du grand nombre de petites pièces qu'ils exécutèrent.

CATALOGUE

RAISONNÉ

DES ESTAMPES ANCIENNES,

ET PRINCIPALEMENT

LES

OEUVRES D'ALBERT-DURER ET DE REMBRANDT,

ET DE QUELQUES DESSINS,

Qui composaient la Collection de Feu M. A.-C. DE POGGI,

Peintre de Florence, Membre des Académies de Bologne et de Florence, et Conseiller
de Sa Majesté le Roi de Prusse ;

Par P.-F. DEFER.

La Vente de cette Collection se fera

Le Lundi 29 Février 1836, *et jours suivans,*

six heures du soir,

EN L'HOTEL DE MM. LES COMMISSAIRES-PRISEURS,

Place de la Bourse, N° 2, Salle du premier, N° 3,

Par le ministère de M° BONNEFONS DE LA VIALLE,
l'un d'eux, rue de Choiseul, N° 11.

Il y aura Exposition publique le Dimanche 28 Février, de onze heures
à quatre, et de une heure à trois le matin de chaque Vacation.

SE DISTRIBUE A PARIS,

Chez M. DEFER, M.d d'Estampes, Expert, quai Voltaire, n° 19,

ET A L'ÉTRANGER,

	COLNAGHI et C.ie, M.ds d'Estampes, à Londres.
CHEZ MM.	ARTARIA et FONTAINE, d° à Manheim.
	F. BUFFA et C.ie d° à Amsterdam.

1836.

ORDRE DES VACATIONS.

Première vacation. — *Lundi* 29 *février.*

Les n°s 267 partie; 251 partie; *, 252, 252 bis , 253 ; 250, 233,
232, 227, 4, 5, 9 à 17, 8, 45, 50, 60 à 65, 68, 69 à 116.

Deuxième vacation. — 1er *mars.*

Les n°s 267 partie, 251 partie, 255 à 257, 246 à 249 , 234
à 237, 57, 58, 228 à 231, 226, 3, 18, 19, 25 à 30 , 46 , 47 à 49,
117 à 162.

Troisième vacation. — 2 *mars.*

Les n°s 267 partie, 251 partie, 254, 244, 245, 238 à 243.
Dessins , 258 à 266, 209 à 225 , 66-67.

Quatrième vacation. — 3 *mars.*

Les n°s 267 partie, 251 partie, 55, 56, 59; 51 à 54, 1, 2, 6;
31 à 44, 20 à 24, 7, 163 à 208.

AVERTISSEMENT.

L'originalité des estampes décrites au présent Catalogue est garantie ; le cas contraire sera le seul redhibitoire. Les expositions mettant messieurs les amateurs et marchands à même de juger de la conservation et qualité des épreuves, aucune réclamation de ce genre ne sera admise une fois l'adjudication prononcée.

Il sera perçu cinq pour cent, en sus des enchères, applicables aux frais.

peintres leurs successeurs, gravèrent leurs esquisses, études et compositions, lesquelles, pour les siècles futurs, sont devenues le cachet de leur génie et de leur facilité.

La Flandre et la Hollande produisirent à leur tour au 17e siècle, sous l'influence du célèbre Rubens et des peintres ses contemporains, ces chefs-d'œuvre du burin des Bolswert, des Wosterman, des Paul Pontius, des Wischer, etc., etc. Si cette école des Pays-Bas fut renommée par ces beaux sujets d'histoire, elle ne le fut pas moins par les productions fines et spirituelles de la pointe des Snyders, des Roos, des Berghem, des C. Dujardin, des Ruysdaël, des Wouvermans, et surtout, de l'inimitable Rembrandt.

Si les premiers temps de la gravure en France sont enveloppés d'une plus grande obscurité que ceux qu'offre l'origine de cet art dans les pays où il était antérieurement cultivé, il lui était du moins réservé aux 17e et 18e siècles, d'en porter l'art au plus degré, par la perfection du burin et de la pointe des Callot, des Mellan, des Audran, des Nanteuil, des Masson, des Edelinck, des Drevet, etc., etc.; et dont nos artistes modernes, émules de ces hommes célèbres, acquièrent chaque jour par leurs travaux des droits à l'estime de la postérité.

L'art de la gravure offre des avantages si multipliés, que l'on doit être étonné du peu de grandes collections d'estampes qui se forment. Il est d'autant plus surprenant de voir aussi peu de cabinets de ce genre, qu'avec la somme nécessaire pour réunir une collection choisie, on aurait peine à en commencer une de tableaux; nous entendons de ces morceaux rares et précieux : le haut prix qu'ils entraînent est souvent un obstacle invincible. Quant aux dessins de grands maîtres, ce genre de curiosité semble plus particulièrement réservé à l'homme doué de connaissances exercées ; connaissances sans lesquelles le dessin le plus spirituel ne procurera aucune espèce de plaisir.

Les estampes ont cet avantage qu'elles font mieux juger des choses que les descriptions les mieux détaillées; une collection choisie réunit aux compositions des plus grands peintres les morceaux capitaux des plus habiles graveurs; elle offre aussi à nos yeux les grands événemens de l'histoire; et dans une collection de portraits, l'image des hommes célèbres. Enfin, que de merveilles, objets de notre admiration, dont nous n'avons que des descriptions presque toujours insuffisantes, seraient passées jusqu'à nous, si les Anciens avaient possédé l'art de la gravure! Il nous eût, en quelque sorte, rendus contemporains des grands hommes de l'antiquité.

La collection dont nous donnons ici le Catalogue, si elle n'est pas une histoire entièrement complète de la gravure, est du moins remarquable par le choix d'estampes qui la compose, principalement des œuvres d'Albert-Durer et de Rembrandt, pour lesquels maîtres M. A.-C. de Poggi eut une prédilection particulière. Aussi trouve-t-on ici ces œuvres presqu'au complet.

CATALOGUE

RAISONNÉ

D'ESTAMPES ANCIENNES.

ÉCOLE D'ITALIE.

ANTOINE POLLAJUOLO orfèvre, ciseleur, peintre et graveur au burin, né à Florence en 1426, mort à Rome en 1498.

1 — Dix hommes nus combattant dans un bois ; ils sont armés de sabres, de haches et de poignards, sujet dit : *les Gladiateurs*. A gauche, une tablette attachée à un arbre, porte cette inscription : OPUS ANTONI POLLAJOLI FLORENTINI. Pièce rare.

ANDRÉ MANTEGNA, peintre et graveur, né à Padoue en 1431, mort à Mantoue en 1506.

2 — Combat de deux Tritons (17). L'envie excitant des divinités marines à combattre les unes contre les autres (18). Dans une tablette que tient de la main gauche une femme hideuse figurant l'envie, on lit : INVID. Ce morceau est cité par Vasari comme un des plus beaux de l'œuvre de Mantegna ; il se joint sur la largeur au sujet précédent, n. 17.

AUGUSTIN CARRACHE, peintre et graveur, né à Bologne en 1557, mort à Parme en 1602.

3 — Jésus-Christ montré au peuple, d'après le Corrège (20). Belle épreuve d'une pièce capitale du maître.

FRANCESCO NOVELLI, dessinateur et graveur, né à Venise vers 1760.

4 — L'Hermite d'après P. A. Novelli ; le   portrait de ce dernier

2

dessiné par *V. Denon*, et les copies des estampes de Rembrandt, numéros 83, 90, 98, 111, 124, 176, 133, 284 et 354. Douze estampes.

RAPHAEL MORGHEN, graveur au burin, né à Naples vers 1760, mort à Florence en 1831.

5 — Apollon conduisant le char du soleil, sujet dit : l'*Aurore*, d'après la fresque peinte par Le Guide au salon de l'aurore dans le palais *Rospigliosis*, à Rome ; grande estampe en largeur.

ÉCOLE D'ALLEMAGNE.

MARTIN ZAGEL ou ZINK florissait vers 1500 ; ses ouvrages sont marqués des lettres M Z gothiques.

6 — Un homme de condition, vu par le dos, embrasse une jeune dame dans un cabinet ; morceau dit l'*Embrassement*, n. 15. L'année 1503 est gravée au-dessus d'une fenêtre dans le fond à droite, et le monogramme sur une tablette à la droite du bas de l'estampe. Très-belle épreuve d'une pièce rare. Au verso la signature de *Bartsch*.

ALBERT-DURER, peintre graveur à l'eau forte et au burin, né à Nuremberg le 20 mai 1471.

Son père, orfévre de cette ville, le destina à suivre la même profession, dans laquelle ce jeune homme montra des talens supérieurs ; le génie d'Albert, peu fait pour être asservi, l'emporta, et l'inclination qui l'entraînait à l'étude des sciences et des arts, lui fit bientôt abandonner l'orfévrerie. En 1486 il entra à l'école de *Michel Wolgémuth*, peintre de Nuremberg, et y fut engagé pour trois ans ; il y apprit la peinture et se livra aussi à l'étude de la gravure ; les estampes de *Martin Schongauer* et d'*Israel de Mecken* lui servirent de modèles ; les talens distingués qu'il acquit et la réputation qu'ils lui obtinrent, le firent bientôt connaitre à la cour de Maximilien Ier. Ce monarque le manda pour exécuter les travaux qu'il avait projetés ; il s'y rendit et fit pour ce prince nombre de grands ouvrages.

Albert se maria jeune ; le caractère violent et emporté de sa femme détruisit le bonheur qu'il espérait. Vers 1520 notre artiste entreprit son voyage aux Pays-Bas ; arrivé à Leyde, il se lia d'une étroite amitié avec *Lucas*, qui jouissait alors en Hollande de la réputation due à ses grands talens. De retour à Nuremberg, vers 1524, il fut nommé membre du conseil de cette ville ; mais les honneurs, la fortune et l'estime publique ne purent adoucir l'amertume de ses chagrins domestiques ; il en mourut le 6 avril de l'an 1528, âgé de cinquante-sept ans.

Restaurateur de la peinture en Allemagne, quelle que soit la gloire que Durer s'est acquise dans cet art, celle que lui ont valu les productions de son burin n'est pas moindre, et on peut le regarder comme le premier qui ait illustré la gravure en Allemagne. Non content de ses succès dans la peinture et dans la gravure, cet artiste célèbre prouva la profondeur de son savoir, par des ouvrages sur la géométrie, les fortifications, la perspective et les proportions du corps humain.

L'ŒUVRE DE CE MAITRE, savoir :

Sujets de l'Ancien Testament.

7 — Adam et Ève, n. 1 de *Bartsch*. Dans une petite tablette suspendue à une branche d'arbre qu'Adam tient de la main droite, on lit : ALBERT DURER NORICUS FACIEBAT ; le monogramme et l'année 1504. Très belle épreuve d'une pièce capitale de ce maître.

8 — Suite de divers sujets de la Passion de Jésus-Christ, représentée en seize pièces, n° 3-18. A ces morceaux le monogramme et les années 1507 à 1513. Très belles épreuves.

9 — Jésus-Christ au jardin des Olives, n° 19. Au milieu du bas le monogramme et l'année 1515 ; morceau à l'eau-forte. Crucifix, n° 23, planche ronde, copie.

Jésus-Christ expirant sur la Croix, n° 24 ; le monogramme et l'année 1508 marqués sur une tablette au milieu du bas de l'estampe.

La face de Jésus-Christ, n° 27. L'année 1516 et le monogramme sont tracés près du bord droit de l'estampe.

Cet article contient quatre estampes anciennes épreuves.

10 — L'enfant prodigue gardant des pourceaux, nᵒ 28 ; le monogramme est marqué au milieu de l'estampe.

Sujets de Vierges.

11 — Ste Anne et la Ste Vierge, nᵒ 29 ; une tablette avec le monogramme se voit au bas à gauche. Pièce rare.

La Vierge à la couronne d'étoiles, n. 31 ; l'année 1508 et le monogramme sont au bas à droite. Copie.

La Vierge à la couronne d'étoiles et au sceptre, nᵒ 32. L'année 1516 est marquée au haut à droite, et le monogramme au bas du même côté.

La Vierge aux cheveux courts liés avec une bandelette, nᵒ 33. L'année 1514 et le monogramme marqués au bas à droite.

Cet article contient quatre estampes.

12 — La Vierge allaitant l'enfant Jésus, nᵒ 34. Le monogramme à une pierre au bas de l'estampe, à la tige d'un jeune arbre une petite tablette avec l'année 1503. Très belle épreuve.

13 — La Vierge assise, embrassant l'enfant Jésus, nᵒ 35. L'année 1513 et le monogramme sont au milieu du haut de l'estampe.

La Vierge donnant le sein à l'enfant Jésus, nᵒ 36. Sur une pierre au bas, à gauche, l'année 1512 et le monogramme.

La Vierge couronnée par un ange, nᵒ 37. Au bas à gauche une tablette avec le monogramme et l'année 1520.

Cet article contient trois estampes.

14 — La Vierge au singe, nᵒ 42. Le monogramme est marqué au milieu du bas de l'estampe. Très belle épreuve ; au verso l'autographe suivant : *Épreuve de la plus grande beauté*, signé *Bartsch*.

15 — La Vierge avec l'enfant Jésus emmailloté, nᵒ 38. Au bas à gauche une tablette avec le monogramme et l'année 1520.

La Vierge couronnée par deux anges, nᵒ 39. Au bas, à gauche, sur une pierre, le monogramme et l'année 1518.

Cet article contient deux estampes.

16 — La Vierge assise au pied d'une muraille, n° 40. L'année 1514 et le monogramme sont marqués sur la muraille, au milieu, à droite, près du bord de l'estampe.

La Vierge à la poire, n° 41. Au milieu du haut de l'estampe une tablette avec l'année 1511, et au bas à gauche une autre marquée du monogramme.

Cet article contient deux estampes.

17 — La Sainte-Famille, n° 43. Morceau gravé à l'eau-forte; il est sans marque.

La Sainte-Famille au papillon, n. 44. Au milieu du bas de l'estampe le monogramme. Très belle épreuve.

Cet article contient deux estampes.

Sujets de Saints.

18 — Les cinq Disciples de Jésus-Christ, n° 46 à 50 : saint Philippe, 1526; saint Barthélemy, 1523; saint Thomas, 1514; saint Simon, 1523, et saint Paul, 1514. A ces cinq morceaux le monogramme de Durer.

19 — Saint Cristophe à la tête retournée, n° 51. Au bas à droite, à une pierre, l'année 1521 et le monogramme.

Saint Christophe béni par Jésus, n° 52. Au bas à gauche, sur une pierre, le monogramme et l'année 1521.

Saint George à pied, n° 53. A terre, à gauche, une tablette avec le monogramme.

Saint George à cheval, n° 54. Au milieu du bas une tablette avec le monogramme et l'année 1508.

Saint Sébastien attaché à un arbre, n° 55. Saint Sébastien attaché à une colonne, n. 56. Ces deux morceaux marqués du monogramme de Durer.

Cet article contient six estampes.

20 — Saint Hubert ou saint Eustache (1); n. 57. Il est à génoux à gauche de l'estampe, et dirigé vers la droite où se voit

(1) Suivant la légende, le crucifix apparut à l'un et à l'autre de ces deux saints. Durer l'appelle saint Eustache dans le journal de son voyage aux Pays-Bas.

sur une hauteur un cerf ayant un crucifix entre ses bois, que le saint adore les mains élevées. Sur le devant, le cheval du saint et cinq chiens de chasse dans différentes attitudes. Le monogramme est au milieu du devant. Cette estampe, l'une des plus finies et des plus rares de l'œuvre, en est aussi la plus grande. Notre épreuve est de la plus grande beauté et de la plus parfaite conservation.

21 — Saint Jérôme, n. 59. Il est assis dans le creux d'un rocher, ayant devant lui un livre ouvert et sur la gauche un crucifix auquel il adresse ses prières. L'année 1512 est tracée au haut, et le monogramme sur le rocher à gauche de l'estampe. Morceau à l'eau-forte.

22 — Saint Jérôme dans sa cellule, n° 60. L'année 1514 et le monogramme sont marqués dans une tablette à droite, près du bord de l'estampe, au dessus de la croupe du lion. Très belle épreuve d'une des belles pièces de Durer. Elle est parfaite de conservation.

23 — Saint Jérôme en pénitence, n° 61. Il est représenté à genoux, étendant la main droite, de laquelle il tient un caillou pour se frapper la poitrine. Le monogramme est tracé au milieu du bas de l'estampe. Très belle épreuve.

24 — Sainte Geneviève, n° 63. Le monogramme est tracé au milieu du bas de l'estampe. Très belle épreuve.

Sujets profanes.

25 — Les trois génies ailés en accompagnement d'un écusson d'armes, n° 66. Le monogramme au bas à gauche.

La sorcière allant au sabat, n° 67. Vers le bas à droite le monogramme.

Apollon et Diane, n° 68. Le monogramme au bas à droite.

La famille du Satyre, n° 69. L'année 1505 et le monogramme sur une tablette suspendue à un arbre.

Cet article contient quatre estampes.

26 — Triton ravissant Amymone, l'une des cinquante filles du roi Danaüs, par ordre de Neptune, n. 71. Le monogramme au milieu du bas de l'estampe. Très belle épreuve.

27 — Les effets de la jalousie, n° 73. Le monogramme est placé au milieu du bas de l'estampe.

28 — La mélancolie, n° 74. Vers le haut à gauche, une chauve-souris chimérique porte une banderole avec cette inscription : MELANCOLIA I. L'année 1514 et le monogramme sont marqués sur la marche où la figure est assise. Belle épreuve.

29 — Groupe de quatre femmes nues, dit *les sorcières*, n° 75. A un globe suspendu au-dessus de leurs têtes, l'année 1497 et les lettres O. G. H. dont le sens est expliqué par O GOTT HILF ! c'est-à-dire : O DIEU ! SECOUREZ-NOUS. Le monogramme de Durer est au milieu du bas de l'estampe. Très belle épreuve.

30 — Vénus et le démon de l'impureté inspirant des désirs criminels à un homme plongé dans l'oisiveté, n° 76. Au bas de l'estampe le monogramme. Cette pièce, décrite sous le titre de l'oisiveté, est aussi appellée le songe. Belle épreuve d'une estampe rare.

31 — La grande fortune, aussi nommée la Pandore, n° 77. A terre, à droite, une tablette avec le monogramme. Très belle épreuve.

32 — La même estampe ; au verso l'autographe suivant : *superbe épreuve*, signé *Bartsch*.

33 — La petite fortune, n° 78. Le monogramme est au milieu du bas de l'estampe.

La justice, n° 79. Représentée par un homme assis sur un lion, des balances à la main. Le monogramme est au milieu du bas de l'estampe.

Le petit courrier, n° 80. Il est à cheval, allant au galop vers la gauche de l'estampe. Le monogramme est au milieu du bas de l'estampe.

Cet article contient trois estampes belles épreuves, plus la copie du n° 78.

34 — La dame à cheval, n° 82. Le paysan et sa femme, n° 83. Les trois paysans, n° 86. L'enseigne, n° 87. Assemblée de gens de guerre, n° 88. Le paysan au marché, n° 89. Le branle, n° 90. A ces morceaux le monogramme de Durer ; aux deux derniers les dates de 1512 et 1514.

Cet article contient sept estampes.

35 — Assemblée de gens de guerre, n° 88. Au milieu du bas de l'estampe le monogramme. Très belle épreuve.

Le joueur de cornemuse, n° 91. A gauche, vers le bas, l'année 1514 et le monogramme. Belle épreuve.

Cet article contient deux estampes.

36 — Le violent, n° 92. Un vieillard décrépit assis sur un siége de gazon, faisant violence à une femme assise à côté de lui. Pièce sans marque ; elle paraît être une première estampe de l'invention de Durer, ou gravée d'après quelques vieux maîtres. Très belle épreuve d'une pièce rare.

37 — Les offres d'amour, n° 93. Un vieillard mettant la main à l'escarcelle pour obtenir les faveurs d'une jeune personne assise auprès de lui. Le monogramme est au milieu du bas de l'estampe. Très belle épreuve.

38 — Le seigneur et la dame se promenant dans une campagne, n° 94. Le monogramme à terre au milieu de l'estampe. Très belle épreuve.

39 — Le pourceau monstrueux, n° 95. Le monogramme est au milieu du bas de l'estampe. Très belle épreuve.

40 — Le petit cheval, n° 96. Il est sans selle, vu de profil et tourné vers la gauche, accompagné d'un guerrier ; l'année 1505 est marquée vers le milieu du haut, et le monogramme sur une pierre au milieu du bas de l'estampe. Très belle épreuve.

Le grand cheval, n° 97. Il est dirigé vers la gauche e tenu par la bride par un soldat ayant un casque en tête. Au haut du milieu de l'estampe la date de 1505, et au bas à droite le monogramme.

Cet article contient deux estampes.

41 — Le cheval de la mort, n° 98. Un cavalier armé de toutes pièces, vu de profil, se dirigeant vers la gauche, la mort l'accompagne montée sur une masette, et lui montrant un sablier ; le démon la suit, ayant une de ses griffes étendues comme pour se saisir de lui lors de l'heure de sa mort. Au bas à gauche, appuyée contre une pierre, une tablette avec la lettre s, l'année 1513 et le monogramme. Belle épreuve d'une des pièces les plus finies d'Albert Durer.

42 — Les armoiries surmontées d'un coq, n° 100. Le monogramme est tracé vers le bas de l'estampe. Ancienne épreuve.

43 — Les armoiries à la tête de mort, n° 101. A gauche, une femme habillée à l'allemande est caressée par un homme sauvage qui veut lui donner un baiser ; il soutient un écusson timbré d'un heaume qui a deux ailes pour cimier et dans lequel une tête de mort est représentée. L'année 1503 est marquée sur une pierre au milieu du bas de l'estampe, *ainsi* qu'une tablette où se voit le monogramme. Belle épreuve d'une pièce estimée de Durer. Elle est parfaite de conservation.

44 — Frédéric, électeur de Saxe, n° 104. Bilibald Pirkheimer, sénateur de Nuremberg, ami d'Albert-Durer, n° 106.

Cet article contient deux estampes.

LUCAS CRANACH, le père, peintre de portraits et graveur, né à Kranach, en Franconie, en 1470, mort à Weimar en 1553.

45 — La pénitence de saint Chrisostome, n° 1, morceau gravé sur cuivre. Au haut à gauche l'écu de Saxe. Vers la droite du bas, une tablette avec l'année 1503, le dragon et les lettres L. C., marque ordinaire de Cranach. Très belle épreuve.

LE MAITRE AU CADUCÉE, inconnu, lequel marquait ses ouvrages d'un caducée.

46 — Les deux vieillards qui lisent, n° 15 Au haut à droite le caducée. Belle épreuve.

HANS SEBALD BEHAM, peintre et graveur au burin, né à Nuremberg en 1500, mort à Francfort-sur-le-Mein en 1550, élève de son oncle *Barthélemy Beham*. Hans Sebald a marqué ses es-

tampes de deux différens monogrammes; l'un formé des lettres H. S. B., l'autre des lettres H. S. P., ces lettres liées ensemble.

47 — Adam et Ève, 1543 (6). Judith (11), copie par Vierx. Judith, 1547 (12). Job s'entretenant avec ses amis, 1547 (16). Les noces de Cana (23). L'homme de douleurs, 1529 (26). L'enfant prodigue gardant les pourceaux, 1538 (35). Saint Simon et saint Thadée, 1520 (41). Les apôtres, suite complète de douze pièces numérotées de 1 à 12; au premier numéro l'année 1545 (43 à 54), copies par le maître au monogramme H. S. D., ces lettres liées ensemble. — Les quatre évangélistes, numérotés de 1 à 4, au premier l'année 1541 (55-58). Saint Sébalde, 1521 (65). Cimon nourri par sa fille, 1544 (74). Cimon nourri par sa fille, 1544 (75). Cléopatre, 1529 (76). Cléopatre (77). Un triton et une néréide, 1523 (87). Le jugement de Pâris, 1546 (89). Nésus et Déjanire (108), copie. — Satyre sonnant du cor (111). Léda, 1548 (112). Les sept arts libéraux, suite numérotée de 1 à 7 (121-127). La religion chrétienne victorieuse (128). La connaissance de Dieu et des sept vertus chrétiennes, suite numérotée de 1 à 8. (129-136.) La charité (137). La bonne fortune, 1541 (40). La fortune contraire (141). Le triomphe, 1549 (143). La mélancolie, 1539 (144). L'impossible, 1549 (145). La jeune femme accompagnée de la mort, 1548 (148), épreuve avant la retouche. — La mort se saisissant d'une femme nue et debout, 1546 (150). La mort et les trois sorcières (151). Les deux impudiques et la mort, 1529 (152). Les noces de villages, 1537. (166-177), manquent 174 et 177. — Marche des nouveaux mariés de village (178-185), manquent 178, 180 et 183. — Le paysan allant au marché (192). Les trois soldats et le chien (196). Le soldat amoureux, 1521 (202). Les trois femmes au bain, 1548 (208). Les deux bouffons (213). Le bouffon et les baigneuses (214). Femme couchée (215), vignette au mascaron, 1544 (228). L'alphabet romain, 1545 (229). Le petit bouffon, 1542 (230). Les deux génies, 1544 (236). Montant d'ornemens (244). Armoiries d'imagination, 1544 (255). Les armoiries au coq, 1543 (256). Génie tenant un écusson d'armes, 1535 (258). Autre génie tenant un écusson d'armes (259). Une femme assise sur un lion dont la tête se voit à la droite de l'estampe. Au bas à gauche les lettres H S P, et au haut du même côté, dans un cartouche dont on ne voit que la moitié, on lit : FORTEZA VIRTUS ; à droite, l'année 1524. Hauteur 2 pouces, largeur 1 pouce 4 lignes Pièce non décrite par *Bartsch*.

Cet article qui contient 95 pièces, belles épreuves, dont deux doubles des numéros 140-141, formera plusieurs lots.

JACQUES BINCK, peintre graveur, né à Cologne vers 1490 ou 1504, mort à Kœnisberg vers l'an 1560.

Un guerrier armé de toutes pièces ; il est en pied, la main droite appuyée sur un bouclier, et tenant de la gauche un sabre. Pièce sans marque qui paraît être la partie supérieure d'un montant de gaine. Hauteur 2 pouces 3 lignes, largeur 10 lignes. Elle est non décrite.

GEORGE PENCZ, peintre et graveur au burin, né à Nuremberg vers 1500, mort à Breslau en 1550, élève d'*Albert-Durer* et de *Marc-Antoine Raimondi*. G. Pencz marquait ses estampes des lettres G. P., liées ensemble.

48 — Joseph raconte ses songes à son père, 1543 (9). Joseph vendu par ses frères, 1546 (11). Loth et ses filles (20). Behtzabée au bain (21). Salomon adorant les idoles (22). Médée remettant entre les mains de Jason ses dieux pénates pour gage de sa foi, 1539 (71). Pâris et OEnone (72). Le supplice de Régulus, 1535 (77). Tarquin et Lucrèce (78). Collatin auprès de Lucrèce qui vient de se donner la mort (79). Virginius poignardant sa fille en présence du décemvir Appius Claudius (84).

Cet article contient onze estampes belles épreuves,

Les six triomphes décrits par Pétrarque, suite de six estampes (117-122). A cinq de ces morceaux, dans un cartouche au bas de l'estampe, une inscription en deux lignes et le monogramme, à la sixième l'inscription et le monogramme au milieu du haut. Très belles épreuves.

HENRI ALDEGREVER, peintre et graveur, né à Soest, en Westphalie, en 1502, mort dans la même ville en 1552, élève d'Albert Durer ; il marquait ses ouvrages des lettres A. G. gothiques.

49 — Adam et Ève (11-12). Loth et ses filles, 1555 (17). Sopho-
nisbe, 1553 (62). L'enlèvement, 1530 (67). Mars (76). Her-
cule écrasant deux serpens, 1530 (83). Thisbé, 1553 (102).
La fortune, 1555 (143). Figures d'hommes et de femmes,
parties supérieures de dessins de gaines (213-214 et 225).
Montant d'ornemens, 1522 (283). Autre, 1552 (285). Autre,
1553 (288).

Cet article contient quinze estampes belles épreuves; il formera deux
lots.

JÉROME HOPFER, florissait vers 1523.

50 — Un combat de cavaliers et de piétons, d'après Raphaël (46).
Les lettres i. et h., une branche de houblon, marque des
Hopfers, et l'année MDXXIII gravée à rebours, au bas à
gauche. Belle épreuve avant le numéro.

**C. B., marque d'un inconnu, lequel a gravé dans le goût et du
temps des *Hopfers*, et comme eux marquait ses ouvrages du houblon.**

Le criminel obtenant sa grâce (1). L'année 1531 est marquée dans une tablette attachée à la branche d'un arbre qui
est à gauche de la composition, le houblon se voit vers la
la droite du haut.

Portrait de Charles V et Ferdinand son frère (3). La marque du houblon est au milieu du haut. Belle épreuve avant
le numéro.

**GEORGE-FRÉDÉRIC SCHMIDT de BERLIN, dessinateur et
graveur à l'eau-forte et au burin, né à Berlin en 1712, mort dans
la même ville en 1775, élève de *G. P. Busch et de Nicolas Larmessin*.**

51 — Tobie raillé par sa femme, 1773 (n° 77, *ce numéro et les sui-
vans sont ceux du catalogue de l'œuvre de Schmidt, publié
à Londres en 1789 par M. Hubert*). Loth avec ses filles,
1771 (173). Jésus guérissant la fille de Jaïre, 1767 (165). Jésus
présenté au peuple, 1756 (159). Philosophe dans une grotte,
ou le vieil Anchise, 1768 (166). Le prince de Gueldres mena-

çant son père emprisonné, 1756 (137). Ces six morceaux gravés à l'eau-forte d'après Rembrandt.

52 —Rembrandt, vu à mi-corps, 1771 (151). Mère de Rembrandt, 1762 (145). Jeune homme portant un hausse-col, 1771 (150). Jeune homme vu en buste, 1753 (117). Vieillard à moustaches, 1758 (121). Buste d'homme, tête nue, une chaîne au cou, 1754 (127). Le même portrait avec quelques changemens, 1768. — Vieillard à grande barbe, dit le *patriarche Jacob*, 1767 (139). Vieille qui demande l'aumône, pièce dite *la pouilleuse*, 1755 (119). Le persan, 1756 (120). Bustes de vieux et de vieille. Ces douze morceaux gravés à l'eau-forte, d'après Rembrandt.

53 —La juive fiancée, 1769 (128). Le père de la fiancée réglant sa dot, 1770 (129). Vieille assise, des lunettes à la main, 1774 (153). Dame dite *la princesse d'Orange*, 1767 (147). Homme richement vêtu, pièce dite *le jeune seigneur*, 1763 (124). Ces cinq morceaux gravés à l'eau-forte, d'après Rembrandt.

54 — Cats expliquant à Guillaume II, prince d'Orange, un trait de l'histoire de ses ancêtres, 1772 (152). Vieillard à barbe, enveloppé d'un riche manteau, 1772 (131) Jeune homme en manteau, sa toque ornée d'une plume, 1765 (125). Jeune fille debout, un chien entre ses bras, 1755 (126). Ce sujet et le précédent de forme ovale. Ces quatre morceaux, d'après Flinck.

JEAN-FRÉDÉRIC BAUSE, dessinateur et graveur au burin, à l'eau-forte et en manière noire, né à Halle en Saxe, en 1758, mort à Weimar, le 5 janvier 1814.

5 — Les portraits de Frece, Sohn, Haller, Forster, Winkelman, Jérusalem, Frédéric, électeur de Saxe, Gunslling, Ernesti, Salomon Gessner, Rabner, Weisse, Leibnitz, Hagedorn, Ramler, Bodmer, Henri, Uz, Sulzer, Lessing, Gellert, Hommel, Spalding, Zollikofer, Weiland, le Persan, Herrn; ces vingt-sept portraits gravés au burin et à la manière noire, de 1767 à 1784, d'après *May, Ant. Graff, Oefer, Mieris, Dietrich* et autres.

JEAN GOTHARD MULLER, dessinateur et graveur au burin, né à Bernhausen, dans le Wurtemberg, en 1747.

56 — Les portraits de Spangenberg, Sohn, Wille, ce dernier d'après Greuze. Trois estampes.

57 — *The Battle at Bunkers hill near Boston the* 17 *June,* 1775. d'après John Trumbull; grande estampe en largeur, épreuve avec le titre en lettres grises. Ce n° sera vendu avec le 237.

JEAN-FRÉDÉRIC CLÉMENS, dessinateur et graveur au burin, né à Copenhague, vers 1757.

58 — *The death of géneral Montgoméry, in the attack of Quebec, décembre* 1775, d'après John Trumbull, grande estampe en largeur, épreuve en lettres grises. Ce n° sera vendu avec le 237.

ANTOINE KRUGER.

59 — *Madonna del Cardéllino,* gravé en 1829 d'après le tableau de Raphaël à la galerie de Florence. Estampe en hauteur.

———

ÉCOLE DES PAYS-BAS.

LUCAS DE LEYDE, peintre et graveur, né en Hollande en 1494, dans la ville dont on lui a donné le surnom, mort en 1533.

60 — La prudence (130). Vers la gauche du haut l'année 1530, au bas à droite, la lettre L et le mot PRVDENCIA.

BOECE de BOLSWERT, graveur au burin, né à Bolswert, en Frise, florissait dans le dix-septième siècle.

61 — Jésus-Christ en croix entre les deux larrons, d'après P. P. Rubens, sujet dit le *Christ à la lance.* Estampe en hauteur.

SCHELTE de BOLSWERT, graveur au burin, né à Bolswert, en Frise, frère puiné de *Boëce de Bolswert,* florissait au dix-septième siècle.

62 — Suite de six grands paysages en largeur, d'après P. P. Ru-

bens ; le dernier connu sous le titre de l'*étable à vache*, est gravé par *Clouet*; épreuves de l'édition de *Gillis Hendricx*.

63 — Vierge avec l'enfant Jésus et sainte Catherine, d'après Antoine Van-Dick. Estampe en hauteur.

64 — La Vierge aux anges, d'après Antoine Van-Dick. Estampe en largeur.

PAUL PONTIUS, graveur au burin, né à Anvers, élève de *Lucas Vosterman*, florissait dans le dix-septième siècle.

65 — Jésus-Christ portant sa croix au Calvaire. — La Vierge et l'enfant Jésus recevant les vœux de Bonaventure. Tableau de la chapelle où est le tombeau de Rubens. Ces deux estampes en hauteur sont d'après Rubens.

PIERRE de JODE, *dit le jeune*, graveur au burin, né à Anvers en 1602, fils et élève de *P. de Jode, dit le vieux*.

66 — Saint Martin, évêque de Tours, d'après J. Jordaens. — Renaud et Armide, d'après Antoine Van-Dick. Deux estampes en hauteur.

PIERRE NOLPE, peintre et graveur, né à La Haye, au commencement du dix-septième siècle.

67 — Rupture de la digue Saint-Antoine, hors d'Amsterdam, le 5 mars 1652. Estampe en largeur, connue sous le titre de la *Digue rompue*.

PIERRE LATSMAN, peintre d'Amsterdam.

68 — Judas et Thamar dans le carrefour, sur le chemin de Thamnath. Dans le haut à gauche le monogramme composé des lettres P. L. Belle épreuve.

PAUL REMBRANDT VAN RYN.

Il eut pour père un meûnier nommé *Herman Gerritzen*, surnommé *Van Ryn*, c'est-à-dire du Rhin, parce qu'il occupait un moulin situé sur le bord d'un canal formé par les eaux du Rhin; c'est dans ce moulin que Rembrandt reçut le jour, le 15 juin de l'année 1606. Il fut envoyé au collége de Leyde pour y faire ses études; mais un goût irrésistible le portant vers le dessin, il quitta l'école latine pour une écol de peinture. On est peu d'accord sur les artistes qu'il eut

pour maîtres; selon *Dargenville*, *Descamps* et *Houbraken*, il se-
rait resté trois ans chez *Jacques Van Zwanenborg*, et de là chez
Pierre Latsman et *Jacques Pinas*. Mais les principaux maîtres de
Rembrandt furent plutôt ses heureuses dispositions et la nature. Cet
artiste mourut à Amsterdam en 1674. Ses tableaux et ses estampes à
l'eau-forte ont été de tous temps très recherchés et payés des prix fort
élevés.

SON OEUVRE, savoir :

PREMIÈRE CLASSE. — *Portraits de Rembrandt.*

69 — Rembrandt aux cheveux crépus, n° 1. *Ce premier numéro
est celui du catalogue d'Adam Bartsch* ; (2) *ce second numéro entre parenthèses est celui des catalogues de Gersaint
et Daulby.*

Rembrandt aux trois moustaches, n° 2 (3).

Rembrandt avec le bonnet fourré et l'habit noir, n° 6.
(7). Épreuve du deuxième état.

Rembrandt faisant la moue, n° 10 (14). Épreuve du
deuxième état.

Rembrandt à bonnet et robe fourrés, n° 14 (19). Au haut
à gauche, R*t*, 1631. Belle épreuve.

Rembrandt avec manteau à collet pendant, n° 15 (20). A
ce morceau R*t*., 1631.

Rembrandt au bonnet rond, n° 16 (21). Au haut à gauche,
R*t*., 1631.

Sept estampes.

70 — Rembrandt avec l'écharpe autour du cou, n° 17 (22), troisième état, avec le nom et l'année 1633. Belle épreuve.

Rembrandt tenant un sabre, n° 18 (23). Au haut à gauche,
Rembrandt f., 1634.

Deux estampes.

71 — Rembrandt et sa femme, n° 19 (24). Au haut à gauche,
Rembrandt f., 1636. Belle épreuve.

Rembrandt coiffé d'un bonnet orné d'une plume, n° 20
(25).

Deux estampes.

72 — Rembrandt appuyé, n° 21 (26). Belle épreuve d'un des plus beaux portraits de Rembrandt faits par lui-même; elle est signée *P. Mariette*, 1667.

73 — Rembrandt dessinant, n° 22 (27). Sur une banderolle au haut de la croisée, *Rembrandt f.*, 1648, épreuve du troisième état. Le même portrait. Épreuve du quatrième état.

74 — Portrait de Rembrandt, de forme ovale, n° 23 (28). A droite, *Rembrandt f.*, 1634. Epreuve du troisième état.

Rembrandt à bonnet fourré et habit blanc, n° 24 (n° 1 du supplément). Au haut à gauche, R*t*., 1630.

Rembrandt à cheveux courts et frisés, n° 26 (293). Très belle épreuve du premier état, où l'on aperçoit le nom de Rembrandt très faiblement marqué.

Le même portrait, épreuve du deuxième état; le nom refait plus lisiblement par une main étrangère à Rembrandt.

Quatre estampes.

DEUXIÈME CLASSE. — *Sujets de l'Ancien Testament.*

75 — Adam et Ève, n° 28 (29). Dans la marge du bas, *Rembrandt f.* 1638. Belle épreuve du premier état.

76 — Abraham qui reçoit les trois anges, n° 29 (30). Au bas de la gauche de l'estampe, très faiblement marqué, *Rembrandt f.*, 1656. Belle épreuve.

Agar renvoyée par Abraham, n° 30 (31). Au haut à gauche, *Rembrandt f.*, 1637. Belle épreuve.

Abraham caressant Isaac, n° 33 (132). Au bas à gauche, *Rembrandt f.* Ancienne épreuve.

Trois estampes.

77 — Abraham avec son fils Isaac, n° 34 (32). Au bas à gauche, *Rembrandt*, 1645. Ancienne épreuve.

Le sacrifice d'Abraham, n° 35 (33). Au bas à droite, *Rembrandt f.*, 1655. Belle épreuve.

78 — Combat de David et Goliath, et la vision d'Ezechiel; 36 (34); les 2me et 4me sujets, pour le livre intitulé : *Pedra gloriosa ó da la estatua de Nabucadnezar, etc. — Amsterdam,*

1655, 1 *vol. in-12.* Épreuves du deuxième état, imprimées sur vélin.

79 — Joseph racontant ses songes devant sa famille, n° 37 (37). A gauche sur une chaufferette, *Rembrandt f.*, 1638. Ancienne épreuve du deuxième état.

Jacob pleurant la mort de son fils Joseph, n° 38 (35). Au bas de la droite, *Rembrandt van Rhyn fe.* Belle épreuve d'une jolie pièce de ce maître.

Joseph et la femme de Puthiphar, n° 39 (36). Au bas à gauche, *Rembrandt f.*, 1634.

Trois estampes.

80 — Le triomphe de Mardochée, n° 40 (39). Belle épreuve.

81 — David priant Dieu, n° 41 (41). Au bas vers la gauche, *Rembrandt f.*, 1632. Belle épreuve.

Tobie le père, aveugle, n° 42 (41). Au milieu du bas, *Rembrandt f.*, 1651.

L'ange qui disparaît devant la famille Tobie, n° 43 (42).

TROISIÈME CLASSE. — *Sujets du Nouveau Testament.*

82 — L'annonciation aux bergers, n° 44 (43). Au bas à droite, dans une petite place blanche, *Rembrandt f.*, 1634. Ancienne épreuve.

82 bis — La même estampe.

83 — La nativité, n° 45 (44). Au bas vers la gauche, *Rembrandt f.*

L'adoration des bergers, n° 46 (45). Épreuve du troisième état.

Trois estampes.

84 — La circoncision, n° 47 (46). Vers la gauche, *Rembrandt f.*, 1654, et du même côté, au milieu du bord de l'estampe, on lit encore une fois *Rembrandt f.*, première épreuve, où l'on voit au coin à gauche et au milieu du haut des places blanches où l'eau-forte n'a pas mordu.

La même estampe, les places blanches sont ici couvertes de travaux.

Autre circoncision, n° 48 (47).

Trois estampes.

84 bis. — Présentation au temple, n° 49 (49). Belle épreuve du deuxième état. Saint Siméon a une calotte sur la tête, et son manteau est plus noir. Ce morceau est rare.

85 — Une autre épreuve du troisième état.

Présentation au temple, n° 51 (51). Dans la marge, R*t*., 1650. Ancienne épreuve du deuxième état.

Fuite en Égypte, n° 52 (52). Dans la marge du bas, *Rembrandt inventor et fecit*, 1635.

86 — Fuite en Égypte, n° 53 (53). Trois épreuves du deuxième état, différemment imprimées.

87 — Fuite en Égypte, n° 55 (55). Au bas, vers la gauche, *Rembrandt*, 1651. Très belle épreuve.

Fuite en Égypte, n° 57 (57). Ancienne épreuve du deuxième état.

88 — La Vierge et l'enfant Jésus sur des nuages, n° 61 (60). Vers le bas, dans les hachures du nuage, *Rembrandt f.*, 1641.

La Sainte-Famille, n° 62 (61). Au bas à droite, R*t*. Épreuve du deuxième état.

La Sainte-Famille, n° 63 (62). Au milieu du bas, *Rembrandt f.*, 1654.

Trois estampes.

89 — Jésus au milieu des Docteurs, n° 64 (63). Au haut, vers la gauche, *Rembrandt f.*, 1654.

Jésus-Christ disputant avec les docteurs de la loi, [n° 65 (64). Au bas à gauche, *Rembrandt f.*, 1652.

Jésus-Christ au milieu des docteurs de la loi, n° 66 (65). Deuxième état.

Trois estampes.

90 — Jésus-Christ prêchant, ou *la petite tombe*, n° 67 (66). Belle épreuve du troisième état.

91 — Le denier de César, n° 68 (67).

Jésus-Christ chassant les vendeurs du Temple, n° 69 (69

Au bas à droite, *Rembrandt f.*, 1635. Belle épreuve du premier état, où la bouche de l'homme tombé sur le dos est moins ombrée ; elle est signée de *Bartsch.*

La même estampe, épreuve du deuxième état.

Trois estampes.

2 — La Samaritaine, n° 70 (71.) Deuxième état avec le nom de *Rembrandt* et l'année 1658.

Autre Samaritaine, n° 71 (72). Au haut à droite, *Rembrandt f.*, 1634.

3 — La même estampe.

Résurrection du Lazare, n° 72 (73). Au bas à gauche, *Rembrandt f.*; 1642.

La même estampe.

Trois estampes.

94 — Résurrection du Lazare, n° 73 (74), morceau cintré. Au milieu de l'estampe, près de la poitrine de Jésus, on lit : R*t*. *V. Ryn.* Belle épreuve du quatrième état.

95 — La même, cinquième état.

Jésus-Christ au jardin des Oliviers, n° 75 (78). Au coin à droite, *Rembrandt f.*, 165.

96 — Notre Seigneur guérissant les malades, sujet connu sous le titre de la *pièce aux cent florins*, n° 74 (75), Belle épreuve du deuxième état de Bartsch, la voûte disparue, et le fond presqu'entièrement noir ; elle provient du cabinet de *sir Joshua Reynolds*, peintre anglais, dont elle porte la marque.

97 — Jésus-Christ présenté au peuple, morceau en largeur, n° 76 (79). Au dessus d'une porte à droite, *Rembrandt f.*, 1655. Belle épreuve du quatrième état, plus rare que le premier.

98 — L'Ecce Homo, morceau en hauteur, n° 77 (83). Au bas de la marge, à gauche, *Rembrandt f.*, 1636. *Cum privil.* Troisième état, avec les tailles diagonales sur le visage du juif qui est au dessus de celui qui est à genoux un roseau à la main. Très belle épreuve.

99 — Les trois croix, n°. 78 (80). Épreuve du premier état; la tête du vieillard affligé que quelques personnes emmènent vers la gauche de l'estampe, n'est qu'au trait; il n'y a ni nom ni année; cette estampe rare est sur vélin.

100 — Autre épreuve du troisième état, entièrement différente de composition; à cette épreuve on lit difficilement au bas, vers la gauche, *Rembrandt f.*, 1653, et au milieu du bas, *Frans Carette excudit*. Bartsch ne parle pas de cette adresse.

101 — Jésus en croix entre les deux larrons, n° 79 (81). Sujet dans un ovale. Très belle épreuve.

102 — Jésus en croix, n° 80 (82). Au milieu du haut, *Rembrandt f.*

103 — La descente de croix, n° 81 (84), morceau en hauteur servant de pendant à l'Ecce Homo, n° 77. Au milieu de la marge du bas, *Rembrandt f. cum pryvl.*, 1633. Épreuve sans l'adresse. *Amstelodami Hendrickus Vlemburgensis excudebat.*

104 — Autre épreuve du troisième état avec l'adresse.

105 — Une autre épreuve avec l'adresse effacée.

106 — Descente de croix, n° 83 (86). Un peu vers la gauche, *Rembrandt f.*, 1654.

Le transport de Jésus-Christ au tombeau, n° 84 (88). Au milieu du bas, *Rembrandt.*

107 — Jésus-Christ au tombeau, n° 86 (87). Belle épreuve du deuxième état de Bartsch, papier du Japon.

Les disciples d'Emaüs, n° 87 (90). Au bas à gauche, *Rembrandt f.*, 1634.

108 — Les disciples d'Emaüs, n° 88 (91). Dans la marge du bas, *Rembrandt f.*, 1654. Belle épreuve signée Barstch.

109 — Le bon samaritain, n° 90 (77). Très belle épreuve du troisième état, avec le nom de *Rembrandt inventor et fecit*, 1633, écrit dans la marge du bas.

10 — La copie de même sens, par *S. Savri*.

111 — Le retour de l'enfant prodigue, n° 91 (70). Au milieu de l'estampe, au-dessous des pieds du père de l'enfant prodigue, est écrit *Rembrandt f.*, 1636. Très belle épreuve.

La décollation de saint Jean-Baptiste, n° 92 (92). Au bas à gauche, *Rembrandt f.*, 1640.

112 — Pierre et Jean à la porte du temple, n° 94 (94). Au milieu du bas, *Rembrandt f.*, 1659. Belle épreuve du deuxième état.

113 — La même estampe, du troisième état.

114 — Saint Pierre, n° 96 (58). Au bas à droite, *Rembrandt f.*, 1645. Ancienne épreuve d'une pièce rare.

115 — Le martyre de saint Étienne, n° 97 (98). Dans une petite place blanche, à gauche, *Rembrandt f.*, 1635. Belle épr.

L'eunuque de la reine de Caudace baptisé par saint Philippe, n° 98 (95). Au coin à droite, *Rembrandt*, 1641. Belle épreuve.

116 — La mort de la Vierge, n° 99 (97). Au bas à gauche, *Rembrandt*, 1639.

QUATRIÈME CLASSE. — *Sujets pieux.*

117 — Saint Jérôme, n° 100 (100). Au coin à droite l'année 1654, et à gauche sous des hachures, *Rembrandt f.*, ▬.

Saint Jérôme, n° 101 (101). Au bas à droite, *Rembrandt f.*, 1632.

Saint Jérôme, n° 102 (103).

118 — Saint Jérôme, n° 104 (104).

119 — Saint Jérôme, n° 105 (106). Dans la marge du bas, *Rembrandt f.*, 1642. Ancienne épreuve du deuxième état.

120 — La même estampe.

121 — Saint François à genoux, n° 107 (107). On lit au bas à droite, dans une petite bande formée d'un trait et renfermée

dans l'estampe, *Rembrandt f.*, 1657, et un peu plus bas, une seconde fois en gros caractère. Morceau rare, épreuve du deuxième état.

CINQUIÈME CLASSE. — *Sujets allégoriques, historiques et de fantaisies.*

122 — La jeunesse surprise par la mort, n° 109 (109). Dans la marge à gauche, *Rembrandt f.*, 1639. Morceau rare.

La fortune contraire, n° 111 (123). *Rembrandt f.*, 1633, tracé sur le bord d'une barque ; on ne distingue bien que l'année.

123 — La Médée, ou le mariage de Jason et de Creüse, n° 112 (124) (1). Belle épreuve du troisième état, avec quatre vers hollandais commençant par ces mots : *Creus' en Jason hier, etc.*, et le nom de *Rembrandt f.*, 1648.

La même estampe, quatrième état ; la marge du bas sur laquelle étaient les vers est coupée.

L'étoile des rois, n° 113 (112).

Trois estampes.

124 — Grande chasse aux lions, n° 114 (113). Au haut de la droite, *Rembrandt f.*, et au-dessous, 1641.

Chasse aux lions, 115 (113).
Chasse aux lions, n° 116 (113).
Sujet de bataille, n° 117 (113).

Quatre estampes.

125 — Les trois figures orientales, n° 118 (114). Au haut à droite, écrit à rebours, *Rembrandt f.*, 1641.

Les musiciens ambulans, n° 119 (115).

Le petit orfévre, n° 123 (119). On lit peu distinctement au bas à gauche, *Rembrandt.*

La faiseuse de kouk's, n° 124 (120). Dans la marge du bas, *Rembrandt f.*, 1635.

Quatre estampes.

(1) Vignette faite par Rembrandt pour être mise à la tête de la tragédie de Médée, composée par le bourgmestre *Six*, lorsqu'il n'était que secrétaire de la ville d'Amsterdam.

126 — Le jeu de kolf, n° 125 (121). Vers le bas à gauche, *Rembrandt f.*, 1654.

La synagogue des Juifs, n° 126 (122). Le nom de *Rembrandt* et l'année 1648 sont gravés d'une manière presqu'imperceptible sur une pierre, au-dessus de la tête d'un des vieillards qui se voit à gauche de l'estampe. Belle épreuve.

127 — Le maître d'école, n° 128 (126). Sur la porte ouverte qui se voit dans le fond, est écrit *Rembrandt f.*, 1641.

Le charlatan, n° 129 (127). Au-dessous des pieds du personnage, *Rembrandt f.*, 1635. Morceau rare.

Le dessinateur, n° 130 (128).

Le paysan avec femme et enfant, n° 131 (129).

Quatre estampes.

128 — Juif à grand bonnet, n° 133 (131). Au milieu du bas, *Rembrandt f.*, 1639. Belle épreuve.

Le paysan les mains derrière le dos, n° 135 (134). Au haut à gauche, R*t.*, 1631. Deux épreuves.

Le joueur de cartes, n° 136 (135). On lit avec peine, au milieu à gauche, *Rembrandt f.*, 1641. Deux épreuves, dont une le fond entièrement noir par la retouche de *Basan*.

Cinq estampes.

129 — Homme à cheval, n° 139 (138). Au haut à droite en lettres retournées, R*t.*

Figure polonaise, n° 140 (139).

Polonais portant sabre et bâton, n° 141 (140). Deuxième état. Belle épreuve.

Vieillard vu par le dos, n° 143 (141). Deuxième état.

Paysan et paysanne marchant, n° 144 (142).

Cinq estampes.

130 — Astrologue endormi, n° 145 (7 du suplément). Morceau de la plus grande rareté ; il est retouché au pinceau dans toutes ses parties.

131 — Philosophe en méditation, n° 147 (58). Morceau rare.

152 — Homme méditant, n° 148 (110). Épreuve du troisième état.

153 — Vieillard sans barbe, n° 150 ( ). Au haut à gauche, R*t*, 1631. Cinquième état; morceau rare.

Figure d'un vieillard à courte barbe, n° 151 (144). Au haut à droite, en lettres retournées, R*t*.

Le Persan, n° 152 (145). Au milieu du bas, R*t*, 1632; les deux derniers chiffres à rebours.

Trois estampes.

154 — Le cochon, n° 157 (152). Au bas à droite, *Rembrandt f.*, 1643. Très belle épreuve.

155 — La coquille, connue sous le nom du *Damier*, n° 159 (154). Dans la marge du bas, *Rembrandt f.*, 1650. Belle épreuve du deuxième état, avec marge; morceau rare.

SIXIÈME CLASSE. — *Gueux ou mendians.*

156 — Gueux debout, n° 162 (155). Belle épreuve.
Gueux debout, n° 163 (156). Belle épreuve.
Gueux et gueuses, n° 164 (157). Belle épreuve.
Mendians, hommes et femmes, à côté d'une butte, n° 165 (158). Épreuve du troisième état.

Quatre estampes.

157 — Gueux à manteau déchiré, n° 167 ( ). Au bas à gauche, R*t*, 1631. Belle épreuve du deuxième état; morceau rare.

158 — La femme à la calebasse, n° 168 (161). Belle épreuve.
Vieille mendiante, n° 170 (164). Au bas, *Rembrandt f.*, 1646.

Paysan déguenillé, les mains derrière le dos, n° 172 (166).
Gueux assis au bas d'un mur, n° 173 (167).
Gueux assis sur une motte de terre, n° 174 (168). Dans la marge du bas, R*t*, 1630.

Cinq estampes.

139 — Mendians à la porte d'une maison, n° 176 (170). Au bas à droite, *Rembrandt f.*, 1648.

Deux gueux en pendans, n°s 177-178 (171).
Gueux estropié, n° 179 (172).

Quatre estampes.

SEPTIÈME CLASSE. — *Sujets libres, figures académiques, et femmes nues.*

140 — L'espiègle, n° 188 (180). Vers le milieu du bas on lit : *Rembrandt*, 1642. Ancienne épreuve du troisième état.

141 — Le vieillard endormi, n° 189 (181). Morceau très rare. Très belle épreuve.

142 — Le dessinateur d'après le modèle, n° 192 (184). Morceau non achevé.

Figure académique d'un homme nud assis, n° 193 (185). A la gauche du bas, *Rembrandt f.*, 1646. Cet autographe au verso : *Superbe épreuve*, signée *Barstch*.

Figures académiques d'hommes ; dans le fond une vieille femme s'amuse avec un enfant dans une roulette, n° 194 (186).

Les baigneurs, n° 195 (187). Au bas à gauche, *Rembrandt*, 1631.

Académie d'un homme assis à terre, n° 196 (188). Au bas à gauche, *Rembrandt f.*, 1646.

Trois estampes.

143 — La femme devant le poële, n° 197 (189). A la traverse du tuyau du poële, *Rembrandt f.*, 1658. Belle épreuve du quatrième état ; la femme nu-tête et une clé au tuyau du poële.

144 — Femme nue assise sur une butte, n° 198 (190). Belle épreuve.

145 — Femme nue les pieds dans l'eau, n° 200 (192). Dans le coin à gauche, à peine lisible, *Rembrandt*, et au-dessous *f.*, 1658. Très belle épreuve sur papier du Japon.

146 — La même estampe, papier blanc.

Vénus ou plutôt Diane au bain, n° 201 (193). On lit au bas

à droite, R*t. f.* Belle épreuve d'un morceau toujours faible,
l'eau-forte ayant peu mordu.

147 — Jupiter et Antiope, n° 203 (195). Au milieu du bas de l'estampe, sous le bord du lit, *Rembrandt*, et au-dessous 1659.
Première épreuve avant l'inscription *Jupyn als hy ont fluit*,
etc., que l'on trouve vers le haut à droite aux épreuves pos-
térieures.

Femme nue dormant, dans le fond un satyre écarte les
rideaux du lit, au-dessus duquel est gravé R*t*., n° 204 (196).
Épreuve du deuxième état.

Négresse couchée, n° 205 (197). Au bas à gauche, *Rembrandt f.*, 1658.

Trois estampes.

HUITIÈME CLASSE. — Paysages.

148 — Vue d'Omval près d'Amsterdam, n° 209 (201). Au bas à
droite, *Rembrandt f.*, 1645. Très belle épreuve d'un morceau toujours faible, l'eau-forte ayant peu mordu.

149 — Vue ancienne d'Amsterdam, n° 210 (202). Belle épreuve.

150 — Le chasseur, dans un paysage légèrement indiqué, n° 211
(203). Belle épreuve du deuxième état, avec la maison et la
grange qui sont sur la hauteur à droite.

151 — Un paysage d'un grand effet; la droite est occupée par
trois arbres de même hauteur qui se détachent sur un ciel
clair, n° 212 (204). Au bas de l'estampe au-dessous des joncs,
le nom de *Rembrandt* très peu marqué, et la lettre *f.* et
l'année 1643 plus visibles. Magnifique épreuve d'un morceau,
l'un des plus terminés de Rembrandt, connu sous le nom du
Paysage aux trois arbres; il est rare.

152 — Le paysage aux trois chaumières, n° 217 (209). Au bas à
gauche, *Rembrandt f.*, 1650. Belle épreuve du deuxième
état.

153 — Paysage à la tour carrée, n° 218 (210). Au bas à droite,
Rembrandt f., et au-dessous 1650. Belle épreuve du deuxième
état d'un morceau assez rare.

154 — Le paysage au dessinateur, n° 219 (211). Belle épreuve.

155 — La grange à foin, n° 224 (216). Au bas vers la gauche, *Rembrandt f.*, 1636. Très belle épreuve du troisième état.

155 bis. La grande chaumière et la grange à foin, n° 225 (217). Au coin du bas à droite, *Rembrandt f.*, 1641. Belle épreuve.

La chaumière au grand arbre, n° 236 (222).

156 — Paysage à l'obélisque, n° 227 (218). Belle épreuve.

157 — La barque à la voile, n° 228 (219). Belle épreuve.

158 — L'abreuvoir, n° 231 (223). Sur une planche attachée au travers d'un tronc d'arbre, à droite, le nom de *Rembrandt* et l'année 1645. Épreuve du deuxième état.

La chaumière entourée de planches, n° 232 (224). Un peu vers la gauche du bas, le nom de *Rembrandt*. Épreuve du deuxième état.

159 — Vue d'un moulin que l'on prétend être celui où Rembrandt reçut naissance, n° 233 (225). Au coin à droite, *Rembrandt f.*, 1641. Belle épreuve.

160 — La campagne du peseur d'or, n° 234 (226). On lit au bas à gauche, *Rembrandt f.*, 1651. Morceau rare.

161 — Le canal aux cignes, n° 235 (227). Au bas à gauche, *Rembrandt f.*, 1650.

162 — Le paysage au bateau, n° 236 (227). Au bas à gauche *Rembrandt f.*, 1650.

L'abreuvoir à la vache, n° 237 (228).

NEUVIÈME CLASSE. — *Portraits d'hommes.*

163 — Homme à mi-corps; il est placé sous une espèce de treille, n° 257 (237). A gauche, *Rembrandt f.*, 1642. Morceau rare.

164 — Vieillard portant la main à son bonnet, n° 259 (239). Épreuve du premier état, où il n'y a que la tête et le bras gauche d'achevés, le reste n'est que faiblement marqué par quelques traits fins. Cette estampe a été par la suite entièrement achevée par *G. F. Schmidt.*

Vieillard à grande barbe, n° 260 (240). Épreuve du deuxième état, où ne se trouve pas l'année, et la planche réduite.

165 — Homme avec chaîne et croix, n° 261 (241). Dans la marge à gauche, *Rembrandt f.*, 1641. Épreuve du deuxième état, avec le col de la chemise, où les travaux du haut de l'estampe ne sont pas raccordés, ce qui existe dans un troisième état que ne décrit pas *Barstch.*

La même estampe, troisième état, les travaux du haut raccordés.

166 — Vieillard à grande barbe et bonnet fourré, n° 262 (242). Au milieu vers la gauche est écrit R*t f.* Belle épreuve.

167 — Homme à barbe courte et bonnet fourré, n° 263 (243). Épreuve du deuxième état avant la planche réduite, mais la main supprimée. Morceau rare.

168 — Portrait de Jean Antonides Van der Linden, professeur d'université à Leyde, n° 264 (244). Épreuve du deuxième état.

La même estampe, épreuve du troisième état.

169 — Tête de vieillard à grande barbe carrée, coiffé d'un bonnet de fourrure fort élevé, dont le haut est séparé en deux par le milieu, n° 265 (245). On lit au haut à gauche, *Rembrandt f.*, 1640. Belle épreuve d'un portrait gravé avec finesse et légèreté.

170 — Jean Sylvius, ministre d'Amsterdam, n° 266 (246). Dans le fond vers le milieu de la gauche, *Rembrandt f.*, et au-dessous 1633. Belle épreuve.

171 — Jeune homme assis, dans une attitude pensive, n° 268 (248). Au haut à gauche, *Rembrandt f.*, 1637.

Portrait du juif Menassès Ben-Israël, n° 269 (249). Au milieu à droite, *Rembrandt f.*, 1636.

172 — Le docteur Faustus ; il examine avec attention des caractères magiques placés au milieu d'une croisée dans le fond vers la droite de l'estampe, n° 270 (250).

173 — Renier Ansloo, ministre anabaptiste, n° 271 (251). On lit sur une espèce de paravent ayant la forme d'un dossier de fauteuil, *Rembrandt f.*, et au-dessous 1641. Morceau rare. Belle épreuve d'un des plus beaux portraits de Rembrandt ; elle provient de la collection de *Plos Van Astel* dont elle porte la marque.

174 — Clément de Jonghe, marchand d'estampes, n° 272 (252). On lit au bas à droite, *Rembrandt f.*, 1651. Belle épreuve du premier état, avec le fond blanc et la barre blanche au dossier du fauteuil sur lequel il est assis.

175 — La même estampe du cinquième état, le cintre formé et l'habit couvert de contretailles.

176 — Abraham France, amateur d'estampes, n° 273 (253). Épreuve du troisième état.

La même estampe, épreuve du cinquième état.

177 — Le jeune Haring, n° 275 (255). Au bas du dernier carreau de la croisée, *Rembrandt*, 1655. Épreuve du troisième état, avec un tableau ajouté dans le fond.

La même estampe, épreuve du quatrième état, la planche coupée.

178 — Jean Lutma, orfévre, n° 276 (256). Dans le haut de la croisée, *Rembrandt f.*, 1656, et sur le mur on lit : *Joannes Lutma aurifex natus Groningue.*

Jean Asselin, dit *Crabbedje*, n° 277 (257). Au bas à gauche, le nom de *Rembrandt*, et au-dessous l'année dont les chiffres ne peuvent se lire. Épreuve du troisième état.

La même estampe, même état.

179 — Ephraïm Bonus, dit le *Juif à la rampe*, n° 278 (258). Le nom de Rembrandt et l'année se voient à peine à la droite du bas de l'estampe. Belle épreuve du deuxième état, avec la bague blanche. Ce portrait, l'un des plus beaux de Rembrandt, est rare.

180 — Wtenbogardus, ministre de Hollande, n° 279 (259). Portrait renfermé dans un ovale gravé sur une planche de forme

octogone. Au haut à gauche, *Rembrandt f.*, et vers la droite
1635. Dans la marge une inscription de quatre vers latins,
composés par Grotius, lesquels commencent ainsi : *Quem
præmirari plebes, etc.* Très belle épreuve.

181 — La même estampe.

182 — Jean Sylvius, ministre et savant, n° 280 (260). Portrait
dans un ovale autour duquel on lit : *Spes mea Christus Jo-
hannes Cornely Sylvius Amstelodamo, etc.* Dans le haut,
sur un fond noir, est écrit *Rembrandt f.*, 1646 (1). On lit
aussi dans une grande marge, au bas de l'estampe, seize
vers latins. Belle épreuve, la marge du bas coupée.

183 — Utembogaerd, receveur des États de Hollande, l'un des
plus beaux portraits de Rembrandt, connu sous le nom du
Peseur d'or ou du *Banquier*, n° 281 (261). Au bas dans la
marge à gauche, *Rembrandt f.*, 1639. Belle épreuve sur
papier du Japon. Morceau rare.

184 — Le grand Coppenol, maître écrivain de Hollande, n° 283
(263). Belle épreuve du deuxième état. Morceau rare.
La même estampe, troisième état, la planche réduite.

185 — La copie par Basan, deuxième état.
L'avocat Tolling, n° 284 (264). Copie par Cumano.

186 — Portrait en pied du bourguemestre Six, n° 285 (265). On
lit dans une marge, au bas de l'estampe, vers la gauche,
IAN SIX Æ. (ætatis) 29, et vers la droite, *Rembrandt f.*, 1647.
Épreuve du deuxième état, selon Barstch.

187 — La copie par Basan. Très belle épreuve. Autre copie.
Deux pièces.

DIXIÈME CLASSE. — *Têtes d'hommes de fantaisie.*

188 — Première tête orientale, n° 286 (266). Cette tête est le
portrait de Cats, précepteur de Guillaume III de Nassau,
prince d'Orange. Dans le haut, *Rembrandt Venitiis*, 1635.
Belle épreuve.

______

(1) *Barstch*, dans la description de cette estampe, ne mentionne pas ce nom.

Seconde tête orientale, n° 287 (266). Au haut, *Rembrandt Venitiis fecit*. Belle épreuve.

189 — Les deux mêmes estampes. Belles épreuves.

190 — Homme à cheveux longs et couvert d'un bonnet à la Rembrandt, n° 289 (267). Au milieu du fond blanc la lettre R*t*. Belle épreuve.

Vieillard à grande barbe, n° 290 (268). Au haut à gauche, *Rembrandt*. Belle épreuve et une contre-épreuve.

Vieillard à grande barbe et tête chauve, n° 291 (269).

Tête d'homme chauve, n° 292 (270). Au bas à droite, R*t*., 1630.

Quatre estampes.

191 — Tête d'homme chauve, n° 294 (270). Au haut à gauche, R*t*., 1630.

Vieillard à grande barbe et calotte, dans un ovale, n° 295 (272).

192 — Vieillard à tête chauve et baissée, n° 296 (273). Morceau très rare.

193 — Vieillard à tête chauve, n° 298 (275). Au haut à gauche, R*t*., 1631. Épreuve du deuxième état.

Vieillard à barbe courte, n° 300 (277). Épreuve du troisième état.

Tête d'homme vue de face, n° 304 (280). Épreuve du troisième état.

Trois estampes.

193 bis. — Homme à bouche de travers, n° 305 (281). Epreuve du deuxième état.

Vieillard chauve à courte barbe, n° 306 (282).

Homme avec bonnet, n° 307 (283). Au haut à gauche, R*t*., 1631. Belle épreuve du troisième état.

La même estampe.

Quatre estampes.

194 — Homme faisant la moue, n° 3o8 (285). Morceau très rare.

195 — Homme avec chapeau à grand bord, n° 311 (288). Au haut à gauche, R*t*., 163o.

Vieillard à grande barbe, n° 312 (289).

Vieillard à barbe pointue, n° 315 (292). Épreuve rognée.

Homme aux trois crocs, n° 319 (297). Epreuve du troisième état.

Tête d'homme à bonnet coupé, n° 320 (298). Au milieu du bas, R*t*., 163o.

Cinq estampes.

196 — Homme à moustaches relevées, et assis, n° 321 (259). Au haut à gauche, R*t*., 163o. Très belle épreuve.

Vieillard à tête chauve, n° 324 (3o2). Belle épreuve du deuxième état ; morceau rare.

Petite tête grotesque, n° 326 (3o5). Épreuve du deuxième état ; morceau rare.

Autre petite tête grotesque, n° 327 (3o6). Épreuve du deuxième état ; morceau rare.

Quatre estampes

197 — Portrait d'homme ayant la physionomie d'un nègre quoiqu'il ne soit pas noir. Sa tête est couverte d'un turban orné d'une plume, n° 339. Ce morceau sans marque est très rare ; il est attribué par Barstch à Rembrandt et connu sous le nom du *Nègre blanc*.

ONZIÈME CLASSE. — *Portraits de femmes.*

198 — La grande mariée juive, n° 34o (311). Belle épreuve du troisième état, entièrement terminée.

199 — Étude pour la grande mariée juive, n° 342 (supplément, 134). Belle épreuve d'un morceau extrêmement rare.

200 — La petite mariée juive, ou plutôt sainte Catherine, n° 342 (317.

201 — Vieille femme assise, n° 343 (313). Épreuve restaurée.

Autre vieille femme assise, n° 344 (313). Au haut à gauche *Rembrandt f.*

La même estampe.

202 — La liseuse, n° 345 (314). Vers le milieu du haut *Rembrandt f.*, 1634. Belle épreuve du deuxième état, le contour du nez continué.

Femme coiffée en cheveux, n° 347 (316). Au-dessus de sa tête, *Rembrandt f.*, 1634. Belle épreuve.

205 — Vieille coiffée à l'orientale, n° 348 (317). A droite vers le bas, *Rt.*, 1631. Belle épreuve du deuxième état.

Buste de la mère de Rembrant, n° 349 (318). Au bas dans la marge, *Rt.*, 1631.

Tête de la mère de Rembrandt, n° 354 (321). On lit au haut vers la droite, *Rt.*, 1628, le chiffre 2 retourné. Belle épreuve.

Trois estampes.

204 — Mauresse blanche, n° 357 (324). Belle épreuve.

Tête de femme, n° 358 (325). Epreuve restaurée.

205 — Femme avec grande cornette, n° 359 (356). Morceau rare.

DOUZIÈME CLASSE. — *Études de femmes et griffonnemens.*

206 — Griffonnemens où se voit la tête de Rembrandt, n° 363 (329). Belle épreuve du deuxième état.

Etudes de six têtes au milieu desquelles est le portrait de la femme de Rembrandt, n° 365 (331). Au milieu du bas, *Rembrandt f.* 1636.

207 — Etudes de trois têtes de femmes, n° 367 (333). Belle épreuve du deuxième état.

Etudes de trois têtes de femmes, dont une qui dort, n° 368 (334). Au haut, *Rembrandt f.*, 1637.

208 — Fragment de la planche griffonnemens, n° 369. Il représente le buste d'une vieille femme dont la tête est couverte d'un chapeau rond applati, au haut à gauche, *R. f.* Rare.

Bartsch en décrivant la planche dans son entier ne fait

pas mention des lettres R. *f.*, ce qui semble indiquer un
état postérieur qui lui aurait été inconnu.

Griffonnement avec un arbre, n° 372 (339). Morceau
très rare.

Doubles de l'œuvre ci-dessus.

209 — 1re classe. Portraits de Rembrandt, n°s de Bartsch. 17,
19, 20, 22. Epreuve du troisième état.
Quatre estampes.

210 — 2e classe. Sujets de l'Ancien Testament, n°s 39, 40, 41, 43.
Quatre estampes.

211 — 3e classe. Sujets du Nouveau Testament n°s 44, 45, 47, 55,
57, 63, 66, 67, 68, 69, 71, 73, 79, 80, 83, 84, 88, 91, 92, 97,
98. Cet article sera divisé.
Vingt-une estampes.

212 — 4e classe. Sujets pieux, n°s 102, 105.

213 — 5e classe. Sujets allégoriques, historiques et de fantaisie,
n°s 113, 119, 123, 124, 126, 133, 136, 151.
Huit estampes.

214 — 6e classe. Gueux ou mendians, n°s 164, 168, 170, 173, 179.
Cinq estampes.

215 — 7e classe. Sujets libres, figures académiques et femmes
nues, n°s 192, 193, 194, 195, 196, 198, 205.
Sept estampes.

216 — 9e classe. Portraits d'hommes, n°s 259, premier état; 262,
265, 266, 270, 272, 276, 273, 275, 279, 283. Cet article sera
divisé.
Onze estampes.

217 — 10e classe. Têtes d'hommes de fantaisies, n°s 295, 311, 321.

218 — 11e classe. Portraits de femmes, n°s 343, 349, 364, 368.
Cinq estampes.

Doubles de toutes les classes.

219 — N°s 19, 39, 45, 66, 123, 136, 164, 283. Fragment du
n° 363.
Dix estampes.

220 — Copies des n°s 2, 7, 10, 24, 34, 52, 64, 68, 84, 77, 93, 99,

128, 129, 173, 176, 187, deux, dont une non décrite, 188, 190, 205, 212, 215, 216, 222, 247, 250, 255, 263, 290, 291, 310, 350 et 351.

En tout trente-cinq estampes.

FERDINAND BOL, peintre graveur à l'eau-forte, né à Dordrecht ; on ignore la date de sa naissance ; il mourut en 1681 ; il fut élève de _Rembrandt_.

221 — Saint Jérôme (3). Morceau cintré du haut, au dessus d'un livre qui est à droite est écrit : _F. Bol. f._ Très belle épreuve.

222 — La Sainte-Famille (4) ; portrait d'officier (11), au haut, à gauche, _f. Bol._ 1649 ; la femme à la poire (14), au bas, à gauche, sur l'appui d'une fenêtre, _Bol. f._ 1651.

Trois estampes ; anciennes épreuves.

JEAN LIVENS ou LIEVENS, peintre graveur à l'eau-forte, né à Leyde en 1607, élève de _P. Latsman_.

223 — Saint Jérome (5) ; au bas, à gauche, le chiffre IL. Epreuve du troisième état.

Anachorète (7) ; sur la butte qui lui sert de siège les lettres IL. Saint Antoine (8) ; dans la marge, S. ANTONIVS, et au haut à droite, les lettres IL. Epreuve du deuxième état. Une tête orientale (18). Premier état avant les lettres IL et F. _V. Wyng._, ex. épreuve signée de _Bartsch._ Buste de jeune homme (26), d'après _Rembrandt._ Vers le bas à gauche : _I Livens_, et au haut : _Franciscus Vanden Wyngaerde ex._ Buste de vieillard (32).

Six estampes.

JEAN GEORGE VAN VLIET, peintre graveur, florissait vers les années 1631 à 1635, ce que nous indique la date de plusieurs de ses estampes ; il fut élève de _Rembrandt_.

224 — Buste d'homme (19). On lit au haut à gauche : R_t. inventor_, et sur la droite : _J. G. V. Vliet fec._

Buste d'homme riant (21). Au haut à gauche, _J. G. V. Vliet fecit_, et vers la droite, R_t inventor_. Buste d'officier (26). On lit au haut, à gauche, R_t V. Ryn jn.'_, au milieu, 1631, et vers la droite, _J. G. V. Vliet fecit._

Trois estampes, belles épreuves.

Pièces gravées dans le goût de Rembrandt.

225 — Jacob et Esaü, par *Rodermont* (Bartsch, vol. 2, p. 135, n° 77). Buste de vieillard, par *Salomon Konninck*, 1628. Vieillard à grande barbe et assis (n° 38 des imitateurs de Rembrandt). Epreuve avec le trèffe clair et avant les con-, tretailles au fond près de la figure. Deux figures de femmes dont l'une se peigne, d'après Rembrandt. Un chasseur et un paysage.
Six estampes.

CORNEILLE de VISSCHER, dessinateur et graveur, né en Hollande, au commencement du dix-septième siècle, élève de *P. Soutman*.

226 — L'assomption de la Vierge, d'après P. P. Rubens. Estampe de deux planches. Portrait de Joannes Wachtelaer.
Deux estampes.

JEAN de VISSCHER. dessinateur et graveur, né à Amsterdam en 1636.

227 — Deux paysans dont l'un caresse une paysanne. Sujet de demi-figures, connu sous le titre du *Tatonneur*. Morceau sans lettre.

ÉCOLE DE FRANCE.

ROBERT NANTEUIL, peintre au pastel et graveur au burin, né à Rheims en 1630, mort à Paris en 1678.

228 — Pompone de Bellièvre, premier président. Il est vu en buste tourné vers la droite ; dans un ovale au bas des armes, *Carolus Le Brun pinxit. Robertus Nanteuil sculpebat.* Très belle épreuve d'un des plus beaux portraits de ce maître.

229 Jean Loret de Carantan, poète normand. Portrait dans un ovale. Au bas, quatre vers français : *C'est ici de Loret, etc.*

Nanteuil ad vivum del. et sculpebat. 1658. Première épreuve avant la virgule après le mot Loret.

230 — Cl. Renauldin D. de Bereü, *Nanteuil ad vivum faciebat,* 1658. Première épreuve avant les 14 vers français ajoutés.

Michel Le Tellier, portrait dans un rond bordure de feuilles de lauriers, avec chiffre entrelassé de lauriers et couronnes placées aux quatre angles. *Nanteuil ad vivum sculpebat,* 1659. Belle épreuve.

Deux estampes.

ANTOINE MASSON, peintre au pastel et graveur au burin, né à Thoury, près d'Orléans, en 1636, mort à Paris en 1700, élève de *N. Mignard.*

231 — Guillaume de Brisacier, secrétaire des commandemens de la Reine, représenté en buste dans un ovale, la tête dirigée vers la gauche. *N. Mignard pinxit. Ant. Masson sculpebat.* 1664. Ancienne épreuve.

232 — Pierre Dupuis, peintre de fleurs, représenté en buste dans un ovale. Au bas, quatre vers français : *Je peins et je suis peint,* etc. *N. Mignard pinxit. Ant. Masson sculpebat.* 1663. Belle épreuve.

GÉRARD EDELINK, graveur au burin, né à Anvers en 1649, mort à Paris en 1707, élève de *C. Galle-le-Jeune,* **se perfectionna sous** *N. Pitau* **et** *F. de Poilly.*

233 — Les portraits de Pardebon d'après Le Brun, Saint-Evremont, Coeffeteau et Descartes, ce dernier d'après F. Hals,

Quatre estampes, belles épreuves.

ÉCOLE D'ANGLETERRE.

FRANÇOIS BARTOLOZZI, dessinateur graveur à l'eau-forte, au burin et au pointillé, né à Florence en 1728, élève de *Joseph Wagner.*

234 — *Edward lord Turlow,* grand chancelier d'Angleterre, gravé en 1782 d'après le tableau de sir Joshua Reynolds. Epreuve avant toute lettre.

235 — Une seconde épreuve avec les armes et les noms d'auteurs.

Portrait du général Eliot, gravé en 1788, d'après A. Poggi. Epreuve avant la lettre.

RICHARD ÉARLOM, graveur à l'eau-forte et en manière noire, né à Sommerset en Angleterre, florissait vers 1780.

236 — Le portrait du général Eliot, d'après sir Joshua Reynolds Epreuve avant la lettre.

WILLIAM SHARP, graveur au burin, né à Londres en 1746, élève de *F. Bartolozzi.*

237 — *The sortie made by the Garrison of Gibraltard in the morning of the 27 of november* 1781., d'après J. Trumbull. Epreuve avec lettre grise et sur papier de Chine. Avec ce numéro seront vendus les n°s 57 et 58.

JOHN TRUMBULL (le colonel), peintre américain.

238 — Mort du capitaine espagnol don Joseph Barboza, à la prise de Gilbraltar, le matin du 27 novembre 1781. Cette estampe gravée par **W. Scharp.** Voyez le n° 237.

239 — Mort du général américain Waren à la bataille de *Bunker's Hill* près Boston. Cette estampe gravée par **J. G. Muller.**

240 — La mort du général Montgomery, à l'attaque du Québec, en décembre 1775. Gravé par J. S. Clémens.

Ces trois estampes sont premières et très rares épreuves avant toutes lettres ; elles ont été publiées par M. A.-C. Poggi, en 1798, 1799.

FRANCIS CHEESMAN, graveur anglais au burin et au pointillé.

241 — Portrait en pied du général Wasghington, d'après Trumbull. Epreuve avant toute lettre.

242 — Une seconde épreuve, lettre grise.

243 — Une troisième avec la lettre.

ESTAMPES DIVERSES.

244— La femme aux deux éponges, d'après Francia (3₇3), copie C. d'après Raimondi, par un anonyme ; épreuve du premier état. Les grimpeurs (423), d'après Michel-Ange, copie de l'estampe d'Augustin Venïtien, par *Michel Luchèse.* Le martyre de saint Pierre et de saint Paul (8), d'après le Parmesan, par *Jacques Caraglio.* Céphale et Procris d'après Jules Romain (61), par *George Mantuan.* Les trois anges aparaissant à Abraham, d'après Raphael, par *Lanfranco.*

> **Cinq estampes.**

245— Thalie, par *R. Morghen.* La Madeleine, d'après le Corrège, par *A. Morghen.*

> **Deux estampes.**

246 —Caricatures, d'après Léonard de Vinci, par *Hollard.* Les pélerins d'Emaüs, par *Houbraken.* Jésus au jardin des Olives, par C. Cort. 1568. Et un portrait par *Defrey.*

> **Six estampes.**

247— Saint Ignace de Loyala, par *Marinus.* Repas des dieux et orgie, par *Franciscus Van den Vyngaerde.*

> **Trois estampes, d'après P. P. Rubens.**

248 —Prise de Audenarde ; retraite du duc de Parme ; prise de Valenciennes ; de Grave ; bataille d'Oestervel, etc. A ces morceaux, *Romyn de Hooghe fec.* 1673.

> **Neuf estampes.**

249 —Portrait de Henri de Lorraine, par *N. Pitau.* Celui de Théodore Eller, d'après Ant. Pesne, par *Schmidt de Berlin.*

> **Deux estampes.**

250 —Tobie recouvrant la vue, 1775. Cavalier dans une campagne, il donne la main à une dame, sujet dit : *l'homme à la plume blanche,* 1775. — Vieillard coiffé d'une toque 1755 ; ces trois morceaux par *De Marccnay,* d'après Rem-

brandt. — Deux chats, par J.-J. de Boissieu, fac-simile de
dessins d'Albert-Durer et de P. Bril, par *Caylus.*

Sept estampes.

251 — Sujets mythologiques, allégories, etc., gravés au pointillé
par *Bartolozzi, Cardon, Schiavonnetti, Cock, Burck, Cheesman, etc.,* d'après A. Kauffman, Cipriani et autres. Soixante-
quinze estampes, plusieurs coloriées ; cet article formera
plusieurs lots.

252 — La Magdeleine, d'après le Corrège ; deux sujets de l'ancien testament, d'après F. Bol, etc. Sept estampes gravées
en mezotinto ou manière noire, par Smith et W. Ward.
Cet article formera deux lots.

252 bis. — Vieille femme plumant un coq, gravé en mezotinto,
d'après Rembrandt par *Philips.* Épreuve avant la lettre. —
Portrait d'un personnage juif, gravé au burin. Deux estampes.

253 — *Morning of the glorious firts of june* 1794. *Admiral eal
Howe commander in chief.* Grande estampe en largeur,
d'après Robert Cleveley , par *B. T. Pouncy.* Epreuve lettre
grise.

254 — *The sortie made by the Garrison of Gibraltard in the
morning of the* 27 *of november* 1781. Gravé par Pouncy en
1791, d'après un dessin de M. C.-A. de Poggi en 1783.
Très grande estampe en largeur, épreuve lettre grise.

RECUEILS.

255 — *Monumenti di santa Croce della basilica di St Lorenzo,
d'altre chièse fiorentine dei cav. Benevuti : Firenza* 1817,
13 livraisons in-4°, figures au trait.

256 — *Le Rovine di veleia misurate et designate da Giovanni
Antolini. Milano,* 1819 ; 2 parties in-fol.

257 — *Firts part of African scenery and animals by Samuel
Daniel.* Quinze pièces coloriées et le frontispice. Un volume
in-fol. oblong, demi-rel.

DESSINS.

ANDRÉ DEL SARTE, peintre, né à Florence en 1488, mort dans la même ville en 1530.

258 — La conception de la Vierge. Grand dessin au crayon, d'une composition exécutée à fresques, par ce maître, à Florence, à la *SS. Annunziata.*

FRANÇOIS BARBIERI dit le GUERCHIN, peintre, né à Cento, près Bologne, en 1590, mort dans la même ville, en 1666, élève de *J. B. Cremonini.*

259 — Paysages ornés de figures. Treize dessins à la plume et à l'encre bistre. Cet article sera divisé.

260 — Une jeune femme assise, pinçant de la guitare. Dessin lavé au bistre, il est attribué à *Ant. Van-Dick.*

261 — Un dessin à la plume, par *Bernardino Pocetti.*

262 — Deux dessins à la plume, caricatures de *Léonard de Vinci.*

263 — Deux dessins, compositions de *Schidone.*

264 — Etudes faites à Rome 54, dessins à la pierre noire, par *Clérisseau.*

265 — Vues prises sur les bords du Rhin. Douze dessins coloriés à la gouache, par *Schneider.*

266 — Femme nue couchée sur un lit. Miniature d'un précieux fini; elle est encadrée dans une bordure en ébène, cercle d'or, fermée dans une boîte en maroquin avec fermeture.

267 — Plusieurs portefeuilles et une caisse à clef seront vendus sous ce numéro.

VINCHON, fils et successeur de Mme Ve BALLARD, Imprimeur, rue J.-J.-Rousseau, no 8, à Paris.